AF330850

L'AFFAIRE DREYFUS

LETTRE A LA FRANCE

PAR

ÉMILE ZOLA

DIX CENTIMES

PARIS

Eugène FASQUELLE, Editeur

11, RUE DE GRENELLE, 11

1898

Tous droits réservés.

LETTRE A LA FRANCE

LETTRE A LA FRANCE

Dans les affreux jours de trouble moral que nous traversons, au moment où la conscience publique paraît s'obscurcir, c'est à toi que je m'adresse, France, à la nation, à la patrie !

Chaque matin, en lisant dans les journaux ce que tu sembles penser de cette lamentable affaire Dreyfus, ma stupeur grandit, ma raison se révolte davantage. Eh quoi ? France, c'est toi qui en es là, à te faire une conviction des plus évidents mensonges, à te mettre contre quelques honnêtes gens avec la tourbe des malfaiteurs, à t'affoler sous l'imbécile prétexte que l'on insulte ton armée et que l'on complote de te vendre à l'ennemi, lorsque le désir des plus sages, des plus loyaux de tes enfants, est au contraire que tu restes, aux yeux de l'Europe attentive, la nation d'honneur, la nation d'humanité, de vérité et de justice ?

Et c'est vrai, la grande masse en est là, surtout la masse des petits et des humbles, le peuple des villes, presque toute la province et toutes les campagnes, cette majorité considérable de ceux qui acceptent l'opinion des journaux ou des voisins, qui n'ont le moyen ni de se documenter, ni de réfléchir. Que s'est-il donc passé, comment ton peuple, France, ton peuple de bon cœur et de bon sens, a-t-il pu en venir à cette férocité de la peur, à ces ténèbres de l'intolérance? On lui dit qu'il y a, dans la pire des tortures, un homme peut-être innocent, on a des preuves matérielles et morales que la revision du procès s'impose, et voilà ton peuple qui refuse violemment la lumière, qui se range derrière les sectaires et les bandits, derrière les gens dont l'intérêt est de laisser en terre le cadavre, lui qui, naguère encore, aurait démoli de nouveau la Bastille, pour en tirer un prisonnier!

Quelle angoisse et quelle tristesse, France, dans l'âme de ceux qui t'aiment, qui veulent ton honneur et ta grandeur! Je me penche avec détresse sur cette mer trouble et démontée de ton peuple, je me demande où sont les causes de la tempête qui menace d'emporter le meilleur de ta gloire. Rien n'est d'une plus mortelle gravité, je vois là d'inquiétants symptômes. Et j'oserai tout dire, car je n'ai jamais eu qu'une passion dans ma vie, la vérité, et je ne fais ici que continuer mon œuvre.

Songes-tu que le danger est justement dans ces ténèbres têtues de l'opinion publique? Cent journaux répètent quotidiennement que l'opinion publique ne veut pas que Dreyfus soit innocent, que sa culpabilité est nécessaire au salut de la patrie. Et sens-tu à quel point tu serais la coupable, si l'on s'autorisait d'un tel sophisme, en haut lieu, pour étouffer la vérité? C'est la France qui l'aurait voulu, c'est toi qui aurais exigé le crime, et quelle responsabilité un jour! Aussi, ceux de tes fils qui t'aiment et t'honorent, France, n'ont-ils qu'un devoir ardent, à cette heure grave, celui d'agir puissamment sur l'opinion, de l'éclairer, de la ramener, de la sauver de l'erreur où d'aveugles passions la poussent. Et il n'est pas de plus utile, de plus sainte besogne.

*
* *

Ah! oui, de toute ma force, je leur parlerai, aux petits, aux humbles, à ceux qu'on empoisonne et qu'on fait délirer. Je ne me donne pas d'autre mission, je leur crierai où est vraiment l'âme de la patrie, son énergie invincible et son triomphe certain.

Voyez où en sont les choses. Un nouveau pas vient d'être fait, le commandant Esterhazy est déféré à un conseil de guerre. Comme je l'ai dit dès le premier jour, la vérité est en marche, rien ne l'arrêtera plus. Malgré les mauvais vouloirs, chaque pas en avant sera fait, mathématiquement, à son heure. La vérité a en elle une puissance qui emporte tous les obstacles. Et, lorsqu'on lui barre le chemin, qu'on réussit à l'enfermer plus ou moins longtemps sous terre, elle s'y amasse, elle y prend une violence telle d'explosion, que, le jour où elle éclate, elle fait tout sauter avec elle. Essayez, cette fois, de la murer sous des mensonges ou dans un huis clos, et vous verrez bien si vous ne préparez pas, pour plus tard, le plus retentissant des désastres.

Mais, à mesure que la vérité avance, les mensonges s'entassent, pour nier qu'elle marche. Rien de plus significatif. Lorsque le général de Pellieux, chargé de l'enquête préalable, déposa son rapport, concluant à la culpabilité possible du commandant Esterhazy, la presse immonde inventa que, sur la volonté seule de ce dernier, le géné ral Saussier hésitant, convaincu de son innocence, voulait bien, pour lui faire plaisir, le déférer à la justice militaire. Aujourd'hui, c'est mieux encore. les journaux racontent que, trois experts ayant de nouveau reconnu le bordereau comme l'œuvre certaine de Dreyfus, le commandant Ravary, dans son information judiciaire, avait abouti à la nécessité d'un non-lieu, et que, si le commandant Esterhazy allait passer devant un conseil de guerre, c'était qu'il avait forcé de nouveau la main au général Saussier, exigeant quand même des juges.

Cela n'est-il pas d'un comique intense et d'une parfaite bêtise ! Voyez-vous cet accusé menant l'affaire, dictant les arrêts ? Voyez-vous un homme reconnu innocent, à la suite de deux enquêtes, et pour lequel on se donne le gros souci de réunir un tribunal, dans le seul but d'une comédie décorative, une sorte d'apothéose judiciaire ? Ce serait simplement se moquer de la justice, du moment où l'on affirme que l'acquittement est certain, car la justice n'est pas faite pour juger les innocents, et il faut tout au moins que le jugement ne soit pas rédigé dans la coulisse, avant l'ouverture des débats. Puisque le commandant Esterhazy est déféré à un conseil de guerre, espérons, pour notre honneur national, que c'est là chose sérieuse, et non pas simple parade, destinée à l'amusement des badauds. Ma pauvre France, on te croit donc bien sotte, qu'on te raconte de pareilles histoires à dormir debout ?

Et, de même, tout n'est que mensonge, dans les informations que la presse immonde publie et qui devraient suffire à t'ouvrir les yeux. Pour ma part, je me refuse formellement à croire aux trois experts qui n'auraient pas reconnu, du premier coup d'œil, l'identité absolue entre l'écriture du commandant Esterhazy et celle du bordereau. Prenez dans la rue le petit enfant qui passe, faites-le monter, posez devant lui les deux pièces, et il répondra : « C'est le même monsieur qui a écrit les deux pages ». Il n'y a pas besoin d'experts, n'importe qui suffit, la ressemblance de certains mots crève les yeux. Et cela est si vrai que le commandant a reconnu cette ressemblance effrayante, et que, pour l'expliquer, il a juré qu'on avait décalqué plusieurs de ses lettres, toute une histoire d'une complication laborieuse, parfaitement puérile d'ailleurs, dont la presse s'est occupée pendant des semaines. Et l'on vient nous dire qu'on a trouvé trois experts, pour déclarer encore que le bordereau est bien de la main de Dreyfus! Ah! non, c'est trop, tant d'aplomb devient maladroit, les honnêtes gens vont finir par se fâcher, j'espère.

Certains journaux poussent les choses jusqu'à dire que le bordereau sera écarté, qu'il n'en sera pas même question devant le tribunal. Alors, de quoi sera-t-il question, et pourquoi le tribunal siégera-t-il? Tout le nœud de l'affaire est là : si Dreyfus a été condamné sur une pièce écrite par un autre et qui suffise à faire condamner cet autre, la revision s'impose avec une logique irrésistible, car il ne peut y avoir deux coupables condamnés pour le même crime. Me Demange l'a répété formellement, on ne lui a communiqué que le bordereau, Dreyfus n'a été légalement condamné que sur le bordereau ; et, en admettant même qu'au mépris de toute légalité, des pièces tenues secrètes existent, ce que personnellement je ne puis croire, qui oserait se refuser à la revision, lorsqu'il serait prouvé que le bordereau, la pièce seule connue, avouée, est de la main d'un autre? Et c'est pourquoi on accumule tant de mensonges autour du bordereau, qui est en somme toute l'affaire.

Voilà donc un premier point à noter : l'opinion publique est faite en grande partie de ces mensonge s, de ces histoires extraordinaires et stupides, que la presse répand chaque matin? L'heure des responsabilités viendra, et il faudra régler le compte de cette presse immonde, qui nous déshonore aux yeux du monde entier. Certains journaux sont là dans leur rôle, ils n'ont jamais charrié que de la boue. Mais, parmi eux, quel étonnement, quelle tristesse, de trouver, par exemple, une feuille comme l'*Écho de Paris*, cette feuille littéraire, si souvent à l'avant-garde des idées, et qui fait, dans cette affaire Dreyfus, une si fâcheuse besogne ! Les notes d'une violence, d'un parti-pris scandaleux, ne sont pas signées. On les dit inspirées par ceux-là mêmes qui ont eu la désastreuse maladresse de faire condamner Dreyfus. M. Valentin Simond se doute-t-il qu'elles couvrent son journal d'opprobre? Et il est un autre journal dont l'attitude devrait soulever la conscience de tous les honnêtes gens, je veux parler du *Petit Journal*. Que les feuilles de tolérance tirant à quelques milliers d'exemplaires hurlent et mentent pour forcer leur tirage, cela se comprend, cela ne fait d'ailleurs qu'un mal restreint. Mais que le *Petit Journal*, tirant à plus d'un million d'exemplaires, s'adressant aux humbles, pénétrant partout, sème l'erreur, égare l'opinion, cela est d'une exceptionnelle gravité. Quand on a une telle charge d'âmes, quand on est le pasteur de tout un peuple, il faut être d'une probité intellectuelle scrupuleuse, sous peine de tomber au crime civique.

Et voilà donc, France, ce que je trouve d'abord, dans la démence qui t'emporte : les mensonges de la presse, le régime de contes ineptes, de basses injures, de perversions morales, auquel elle te met chaque matin.

Comment pourrais-tu vouloir la vérité et la justice,
lorsqu'on détraque à ce point toutes tes vertus légen-
daires, la clarté de ton intelligence et la solidité de ta
raison?

*
* *

Mais il est des faits plus graves encore, tout un
ensemble de symptômes qui font, de la crise que tu
traverses, un cas d'une leçon terrifiante, pour ceux
qui savent voir et juger. L'affaire Dreyfus n'est qu'un
incident déplorable. L'aveu terrible est la façon dont tu
te comportes dans l'aventure. On a l'air bien portant,
et tout d'un coup de petites taches apparaissent sur la
peau : la mort est en vous. Tout ton empoisonnement
politique et social vient de te monter à la face.

Pourquoi donc as-tu laissé crier, as-tu fini par crier
toi-même, qu'on insultait ton armée, lorsque d'ardents
patriotes ne voulaient au contraire que sa dignité et
son honneur? Ton armée, mais, aujourd'hui, c'est toi
tout entière; ce n'est pas tel chef, tel corps d'officiers,
telle hiérarchie galonnée, ce sont tous tes enfants,
prêts à défendre la terre française. Fais ton examen de
conscience : était-ce vraiment ton armée que tu voulais
défendre quand personne ne l'attaquait? n'était-ce pas
plutôt le sabre que tu avais le brusque besoin d'acclamer? Je vois, pour mon compte, dans la bruyante
ovation faite aux chefs qu'on disait insultés, un réveil,
inconscient sans doute, du boulangisme latent, dont tu
restes atteinte. Au fond, tu n'as pas encore le sang
républicain, les panaches qui passent te font battre le
cœur, un roi ne peut venir sans que tu en tombes amou-
reuse. Ton armée, ah bien! oui, tu n'y songes guère!

C'est le général que tu veux dans ta couche. Et que l'affaire Dreyfus est loin ! Pendant que le général Billot se faisait acclamer à la Chambre, je voyais l'ombre du sabre se dessiner sur la muraille. France, si tu ne te méfies, tu vas à la dictature.

Et sais-tu encore où tu vas, France ? Tu vas à l'Église, tu retournes au passé, à ce passé d'intolérance et de théocratie, que les plus illustres de tes enfants ont combattu, ont cru tuer, en donnant leur intelligence et leur sang. Aujourd'hui, la tactique de l'antisémitisme est bien simple. Vainement le catholicisme s'efforçait d'agir sur le peuple, créait des cercles d'ouvriers, multipliait les pèlerinages, échouait à le reconquérir, à le ramener au pied des autels. C'était chose définitive, les églises restaient désertes, le peuple ne croyait plus. Et voilà que des circonstances ont permis de souffler au peuple la rage antisémite, on l'empoisonne de ce fanatisme, on le lance dans les rues, criant : « A bas les juifs! à mort les juifs! » Quel triomphe, si l'on pouvait déchaîner une guerre religieuse ! Certes, le peuple ne croit toujours pas : mais, n'est-ce pas le commencement de la croyance, que de recommencer l'intolérance du moyen âge, que de faire brûler les Juifs en place publique? Enfin, voilà donc le poison trouvé; et, quand on aura fait du peuple de France un fanatique et un bourreau, quand on lui aura arraché du cœur sa générosité, son amour des droits de l'homme, si durement conquis, Dieu sans doute fera le reste.

On a l'audace de nier la réaction cléricale. Mais elle est partout, elle éclate dans la politique, dans les arts, dans la presse, dans la rue ! On persécute aujourd'hui les juifs, ce sera demain le tour des protestants; et déjà la campagne commence. La République est envahie par les réactionnaires de tous genres, ils l'adorent d'un brusque et terrible amour, ils l'embrassent pour l'étouffer. De tous côtés, on entend dire que l'idée de liberté fait banqueroute. Et, lorsque l'affaire Dreyfus s'est produite, cette haine croissante de la liberté a trouvé là une occasion extraordinaire, les passions se sont mises à flamber, même chez les inconscients. Ne voyez-vous pas que, si l'on s'est rué sur M. Scheurer-Kestner avec cette fureur, c'est qu'il est d'une génération qui a cru à la liberté, qui a voulu la liberté? Aujourd'hui, on hausse les épaules, on se moque : de vieilles barbes, des bonshommes démodés. Sa défaite consommerait la ruine des fondateurs de la République, de ceux qui sont morts, de ceux qu'on a essayé d'enterrer dans la boue. Ils ont abattu le sabre, ils sont sortis de l'Église, et voilà pourquoi ce grand honnête homme de Scheurer-Kestner est aujourd'hui un bandit. Il faut le noyer sous la honte, pour que la République elle-même soit salie et emportée.

Puis, voilà, d'autre part, que cette affaire Dreyfus étale au plein jour la louche cuisine du parlementarisme, ce qui le souille et le tuera. Elle tombe, fâcheusement pour elle, à la fin d'une législature, lorsqu'il n'y a plus que trois ou quatre mois pour sophistiquer la législature prochaine. Le ministère au pouvoir veut naturellement faire les élections, et les députés veulent avec autant d'énergie se faire réélire. Alors, plutôt que de lâcher les portefeuilles, plutôt que de compromettre les chances d'élection, tous sont résolus aux actes extrêmes. Le naufragé ne s'attache pas plus étroitement à sa planche de salut. Et tout est là, tout s'explique dès lors : d'une part, l'attitude extraordinaire du ministère dans l'affaire Dreyfus, son silence, son embarras, la mauvaise action qu'il commet en laissant le pays agoniser sous l'imposture, lorsqu'il avait charge de faire lui-même la vérité : d'autre part, le désintéressement si peu brave des députés, qui affectent de ne rien savoir, qui ont l'unique peur de compromettre leur réélection, en s'aliénant le peuple qu'ils croient antisémite. On vous le dit couramment : « Ah ! si les élections étaient faites, vous verriez le gouvernement et le Parlement régler la question Dreyfus en vingt-quatre heures ! » Et voilà ce que la basse cuisine du parlementarisme fait d'un grand peuple !

France, c'est donc de cela encore que ton opinion est faite, du besoin du sabre, de la réaction cléricale qui te ramène de plusieurs siècles en arrière, de l'ambition vorace de ceux qui te gouvernent, qui te mangent et qui ne veulent pas sortir de table !

Je t'en conjure, France, sois encore la grande France, reviens à toi, retrouve-toi.

Deux aventures néfastes sont l'œuvre unique de l'antisémitisme : le Panama et l'affaire Dreyfus. Qu'on se souvienne par quelles délations, par quels abominables commérages, par quelles publications de pièces fausses ou volées, la presse immonde a fait du Panama un ulcère affreux qui a rongé et débilité le pays pendant des années. Elle avait affolé l'opinion ; toute la nation pervertie, ivre du poison, voyait rouge, exigeait des comptes, demandait l'exécution en masse du Parlement, puisqu'il était pourri. Ah! si Arton revenait, s'il parlait! Il est revenu, il a parlé, et tous les mensonges de la presse immonde se sont écroulés, à ce point même, que l'opi-

nion, brusquement retournée, n'a plus voulu soupçonner un seul coupable, a exigé l'acquittement en masse.
Certes, je m'imagine que toutes les consciences n'étaient
pas très pures, car il s'était passé là ce qui se passe dans
tous les Parlements du monde, lorsque de grandes entreprises remuent des millions. Mais l'opinion était prise à
la fin de la nausée de l'ignoble, on avait trop sali de
gens, on lui en avait trop dénoncé, elle éprouvait l'impérieux besoin de se laver d'air pur et de croire à l'innocence de tous.

Eh bien! je le prédis, c'est ce qui se passera pour
l'affaire Dreyfus, l'autre crime social de l'antisémitisme. De nouveau, la presse immonde sature trop
l'opinion de mensonges et d'infamies. Elle veut trop
que les honnêtes gens soient des gredins, que les gredins soient des honnêtes gens. Elle lance trop d'histoires imbéciles, auxquelles les enfants eux-mêmes
finissent par ne plus croire. Elle s'attire trop de démentis, elle va trop contre le bon sens et contre la
simple probité. Et c'est fatal, l'opinion finira par se
révolter un de ces beaux matins, dans un brusque hautle-cœur, quand on l'aura trop nourrie de fange. Et,
comme pour le Panama, vous la verrez, pour l'affaire
Dreyfus, peser de tout son poids, vouloir qu'il n'y ait
plus de traîtres, exiger la vérité et la justice, dans une
explosion de générosité souveraine. Ainsi sera jugé et
condamné l'antisémitisme, sur ses œuvres, les deux
mortelles aventures où le pays a laissé de sa dignité et
de sa santé.

C'est pourquoi, France, je t'en supplie, reviens à toi,
retrouve-toi, sans attendre davantage. La vérité, on ne
peut te la dire, puisque la justice est régulièrement
saisie et qu'il faut bien croire qu'elle est décidée à la
faire. Les juges seuls ont la parole, le devoir de parler

ne s'imposerait que s'ils ne faisaient pas la vérité tout entière. Mais, cette vérité, qui est si simple, une erreur d'abord, puis toutes les fautes pour la cacher, ne la soupçonnes-tu donc pas? Les faits ont parlé si clairement, chaque phase de l'enquête a été un aveu : le commandant Esterhazy couvert d'inexplicables protections, le colonel Picquart traité en coupable, abreuvé d'outrages, les ministres jouant sur les mots, les journaux officieux mentant avec violence, l'instruction première menée comme à tâtons, d'une désespérante lenteur. Ne trouves-tu pas que cela sent mauvais, que cela sent le cadavre, et qu'il faut vraiment qu'on ait bien des choses à cacher, pour qu'on se laisse ainsi défendre ouvertement par toute la fripouille de Paris, lorsque ce sont des honnêtes gens qui demandent la lumière, au prix de leur tranquillité?

France, réveille-toi, songe à ta gloire. Comment est-il possible que ta bourgeoisie libérale, que ton peuple émancipé, ne voient pas, dans cette crise, à quelle aberration on les jette? Je ne puis les croire complices, ils sont dupes alors, puisqu'ils ne se rendent pas compte de ce qu'il y a derrière : d'une part la dictature militaire, de l'autre la réaction cléricale. Est-ce cela que tu veux, France, la mise en péril de tout ce que tu as si chèrement payé, la tolérance religieuse, la justice égale pour tous, la solidarité fraternelle de tous les citoyens? Il suffit qu'il y ait des doutes sur la culpabilité de ce Dreyfus, et que tu le laisses à sa torture, pour que ta glorieuse conquête du droit et de la liberté soit à jamais compromise. Quoi! nous resterons à peine une poignée à dire ces choses, tous les enfants honnêtes ne se lèveront pas pour être avec nous, tous les libres esprits, tous les cœurs larges qui ont fondé la République et qui devraient trembler de la voir en péril!

* *

C'est à ceux-là, France, que je fais appel. Qu'ils se groupent, qu'ils écrivent, qu'ils parlent ! Qu'ils travaillent avec nous à éclairer l'opinion, les petits, les humbles, ceux qu'on empoisonne et qu'on fait délirer ! L'âme de la patrie, son énergie, son triomphe ne sont que dans l'équité et la générosité.

Ma seule inquiétude est que la lumière ne soit pas faite entière et tout de suite. Après une instruction secrète, un jugement à huis clos ne terminerait rien. Alors seulement l'affaire commencerait, car il faudrait bien parler, puisque se taire serait se rendre complice. Quelle folie de croire qu'on peut empêcher l'histoire d'être écrite ! Elle sera écrite, cette histoire, et il n'est pas une responsabilité, si mince soit-elle, qui ne se paiera.

Et ce sera pour ta gloire finale, France, car je suis sans crainte au fond, je sais qu'on aura beau attenter à ta raison et à ta santé, tu es quand même l'avenir, tu auras toujours des réveils triomphants de vérité et de justice !

EMILE ZOLA.

Paris. — Imprimerie de la Cour d'appel, L. Maretheux, directeur, 1, rue Cassette.

DU MÊME AUTEUR

———

LETTRE A LA JEUNESSE. . . . . **10** centimes

———

Paris. — L. MARETHEUX, imprimeur, 1, rue Cassette. — 19060.